BEI GRIN MACHT SICH IHR WISSEN BEZAHLT

- Wir veröffentlichen Ihre Hausarbeit, Bachelor- und Masterarbeit

- Ihr eigenes eBook und Buch - weltweit in allen wichtigen Shops

- Verdienen Sie an jedem Verkauf

Jetzt bei www.GRIN.com hochladen und kostenlos publizieren

Adam Seitz

Unzuverlässige Körper. Zur Diskursgeschichte des Konzepts geschlechtlicher Identität

Rezension der Dissertation Sabine Mehlmanns

GRIN Verlag

Bibliografische Information der Deutschen Nationalbibliothek:

Die Deutsche Bibliothek verzeichnet diese Publikation in der Deutschen Nationalbibliografie; detaillierte bibliografische Daten sind im Internet über http://dnb.d-nb.de/ abrufbar.

Dieses Werk sowie alle darin enthaltenen einzelnen Beiträge und Abbildungen sind urheberrechtlich geschützt. Jede Verwertung, die nicht ausdrücklich vom Urheberrechtsschutz zugelassen ist, bedarf der vorherigen Zustimmung des Verlages. Das gilt insbesondere für Vervielfältigungen, Bearbeitungen, Übersetzungen, Mikroverfilmungen, Auswertungen durch Datenbanken und für die Einspeicherung und Verarbeitung in elektronische Systeme. Alle Rechte, auch die des auszugsweisen Nachdrucks, der fotomechanischen Wiedergabe (einschließlich Mikrokopie) sowie der Auswertung durch Datenbanken oder ähnliche Einrichtungen, vorbehalten.

Impressum:

Copyright © 2007 GRIN Verlag GmbH
Druck und Bindung: Books on Demand GmbH, Norderstedt Germany
ISBN: 978-3-656-24395-3

Dieses Buch bei GRIN:

http://www.grin.com/de/e-book/130793/unzuverlaessige-koerper-zur-diskursgeschichte-des-konzepts-geschlechtlicher

GRIN - Your knowledge has value

Der GRIN Verlag publiziert seit 1998 wissenschaftliche Arbeiten von Studenten, Hochschullehrern und anderen Akademikern als eBook und gedrucktes Buch. Die Verlagswebsite www.grin.com ist die ideale Plattform zur Veröffentlichung von Hausarbeiten, Abschlussarbeiten, wissenschaftlichen Aufsätzen, Dissertationen und Fachbüchern.

Besuchen Sie uns im Internet:

http://www.grin.com/

http://www.facebook.com/grincom

http://www.twitter.com/grin_com

Universität Hamburg
Historisches Seminar
08.234 Ü, WiSe 2006/-07

Januar 2007

"Körperbilder und Körperwahrnehmung zur Zeit der westeuropäischen Aufklärung"

Rezension

Sabine Mehlmann: Unzuverlässige Körper. Zur Diskursgeschichte des Konzepts geschlechtlicher Identität, Königstein/Taunus 2006

Mit der aktuell vorliegenden Studie "Unzuverlässige Körper: Zur Diskursgeschichte des Konzepts geschlechtlicher Identität" stellt Sabine Mehlmann die Frage nach den historischen Entstehungsbedingungen der Entkopplung des anatomisch-biologischen Geschlechts ("*sex*") und der Geschlechtsidentität ("*gender*"): "Wann [...] entsteht ein psychologisches Konzept geschlechtlicher Identität, in dem die psychischen Geschlechterdifferenzen nicht mehr (unmittelbar) auf körperliche Ursachen zurückgeführt werden?"[1] Sie versucht also nicht weniger als die wissenschaftshistorische Genese eines der zentralen Felder der in den letzten Jahrzehnten entstandenen Gender und Queer Studies zu erhellen. Dabei liegt der Fokus ihrer Arbeit zum einen auf der zentralen Bedeutung der Abweichung zur Etablierung der Norm einer binären Struktur exklusiver Zweigeschlechtlichkeit, zum anderen auf der Rekonstruktion der Versuche, diese Norm biologisch bzw. naturwissenschaftlich zu begründen. Die Entkoppelung von *sex* und *gender*, so Mehlmann in ihrer Einleitung, sei "aus der Problematisierung von Homosexualität als Modellfall einer >Verkehrung< psychischer Geschlechtscharaktere"[2] hervorgegangen – eine These, die sie am Ende ihrer Arbeit konkretisiert haben will.

Sabine Mehlmann studierte Sozialwissenschaften, Kunstpädagogik und Erziehungswissenschaften an der Universität Essen und promovierte mit dieser Studie, die zuvor als Dissertation an der Universität Paderborn im Januar 2005 angenommen wurde. Sie ist wissenschaftliche Mitarbeiterin der Arbeitstelle "Gender Studies" an der Justus-Liebig-Universität Gießen. Momentan arbeitet und lehrt sie dort zum Forschungsfeld "Konstruktion und Wandel hegemonialer Männlichkeit"; ihre Forschungsschwerpunkte liegen unter anderem in der historischen Geschlechterforschung, dekonstruktivistischen Ansätzen der Geschlechterkategorien und Konzepten der Frauenforschung.

Die Tatsache, dass es sich bei dem vorliegenden Buch um eine leicht abgewandelte Dissertation handelt, ist wohl auch der Grund für den manchmal etwas hölzern wirkenden Sprachstil und mitunter zäh zu lesenden Wiederholungen. Eine Straffung der Darstellung vor der Veröffentlichung hätte die Qualität der Studie nicht unbedingt geschmälert. Ein positiver Aspekt ist die klare chronologische Strukturierung des Textes, die wohl der angestrebten Historisierung des Themas geschuldet ist und der

---

[1] S. 17.
[2] S. 13.

Leserin bzw. dem Leser trotz der genannten Kritikpunkte einen roten Faden an die Hand gibt.
Es handelt sich hier also um einen Beitrag zur Diskursgeschichte des Konzepts geschlechtlicher Identität. Aufgrund der grundsätzlichen Interdisziplinarität der Gender Studies verwundert die historiographische Herangehensweise einer Wissenschaftlerin, die nicht in der Geschichtswissenschaft "zu Hause" ist, zunächst nicht. Diese Tatsache wird aber in diesem Falle in der Bewertung der quellenreichen Studie noch eine Rolle spielen. Basis der vorliegenden Arbeit sind wissenschaftliche Texte des späten 19. und dem beginnenden 20. Jahrhunderts aus verschiedenen Disziplinen, die bei der historischen Ausformung des Topos der geschlechtlichen Identität nach Mehlmann eine gewichtige Rolle spielten. Über die Frage, warum es genau diese Texte genau dieser Autoren sind, bleiben die interessierten Leser leider im Dunkeln. Auch wenn der Blickwinkel nicht allein ein historischer, sondern unter andrem auch ein soziologischer, ein biologisch-medizinischer und ein psychologischer ist – es wäre für die Bewertung und Einordnung der Arbeit aufschlussreich zu erfahren, ob die Quellen eine exemplarische Auswahl repräsentieren, oder wenn nicht, warum die Wahl der Autorin letztendlich auf genau diese Quellen gefallen ist. Der Hinweis, dass das Material der Analyse "die weitläufigen und kontroversen Debatten über das >Rätsel< Homosexualität [jener Zeit] bilden"[3], erscheint als Angabe dazu ebenso unzureichend wie die hier und da auftauchenden Querverweise im Zuge ihrer Quellenrezeption.

Zu Beginn ihrer Arbeit eröffnet Mehlmann zunächst den zeitgenössischen Problemhorizont. Anhand zweier Kritikpunkte in Bezug auf die Theorien von Stefan Hirschauer und Judith Butler verdeutlicht sie ihren wissenschaftlichen Ansatz: Zum einen sei eine "historische Leerstelle"[4] entstanden, weil die Trennung zwischen *sex* und *gender* zwar problematisiert, aber bisher nie in den historischen Kontext gestellt worden sei. Zum anderen bestehe die Gefahr einer "Tendenz zur Generalisierung und Vereinheitlichung von Konstruktions- und Ableitungslogiken der Kategorie Geschlecht"[5]. Dies beruhe auf einer Missachtung der historischen Wandlungsprozesse der Konstruktion von "Natur der Geschlechtlichkeit" und ihren Rückwirkungen auf gängige Normen.

---

[3] S. 18.
[4] S. 16.
[5] S. 16.

Vor diesem Hintergrund gibt Mehlmann zunächst einen Überblick über die "Problematisierung des Verhältnisses von *sex* und *gender* im Kontext gegenwärtiger Debatten"[6]. Dabei macht sie deutlich, dass die "konstruktivistische Wende in der Frauen- und Geschlechterforschung"[7] der zweiten Hälfte des 20. Jahrhunderts eine Neubestimmung der Relation zwischen *sex* und *gender* ergab. Hierbei wurde unter andrem argumentiert, dass ein Zugang zur Natur nur über Sprache möglich, ergo Natur epistemologisch immer schon Kultur sei, weil sprachlich-symbolisch vermittelt. Vor diesem Hintergrund wurde zunehmend die ">Natur< von [...] Geschlecht und Sexualität [...] als ein entscheidendes Instrument der Fundierung und Stabilisierung sozialer Geschlechterordnungen betrachtet"[8].

Das von Hirschauer in den 1990er Jahren präsentierte Konzept von "*doing gender*" sieht *sex* nun als Teil der Kultur. Die Geschlechterzugehörigkeit sei demnach eine Folge des Tuns, Zweigeschlechtlichkeit eine soziale Konstruktion. Hierbei sieht Hirschauer die Alltagstheorie der Zweigeschlechtlichkeit der wissenschaftlichen Theoriebildung vorausgehen – folglich legitimiere Wissenschaft im Nachhinein das Alltagswissen. Mehlmanns Kritik an Hirschauers Ansatz ist dieses von ihm postulierte "Primat des Alltagswissens"[9]. Dabei bleiben, so Mehlmann, die Rückwirkungen der Wissenschaft auf das Alltagswissen weitgehend ausgeblendet. Alltagstheorie und Zweigeschlechtlichkeit werden somit als historische Konstanten unabhängig von Wissenschaft betrachtet, die "Ebene der sozialen Reproduktion von Zweigeschlechtlichkeit [erhält dadurch] eine Hermetik, die sie von historischen Transformationen des Geschlechterwissens"[10] abschließt.

Judith Butler geht von heterosexuell dominierten Machtstrukturen aus, die jegliche geschlechtliche Identitätsbildung auf scheinbar allgemeingültige Vernunft gestützt begründen. Dabei erscheint die Geschlechterdifferenz als "unlösbar verknüpft mit der heterosexuellen Normierung des Begehrens"[11]. Im Gegensatz zu dem Konzept des '*doing gender*', in dem die Zweigeschlechtlichkeit als natürliche Begebenheit angenommen wird, handelt es sich in der Betonung des performativen Charakters der Geschlechtsidentität bei Butler um ein Aufzeigen eines Norm setzenden diskursiven Horizonts. Butler begründet ihr Konzept der performativen Identität auf

---

[6] S. 31.
[7] S. 44.
[8] S. 45.
[9] S. 57.
[10] S. 59.
[11] S. 63.

der Basis poststrukturalistischer Annahmen, in denen die Sprache als konstituierender Faktor begriffen wird. Sie lehnt folglich jegliche 'Natürlichkeit' geschlechtlicher Identität ab und zielt auf eine Deontologisierung und Denaturalisierung der Geschlechterkategorien, besonders der biologischen Kategorie *sex*.

Mehlmann kritisiert, dass Butler die herrschenden Machtverhältnisse binärer Strukturen zwar beschreibt, jedoch die "Annahmen zur Struktur des zeitgenössischen Macht/Diskursfeldes [...] nicht mehr hinterfragt"[12]. Daher vernachlässige Butler die historischen Entstehungsbedingungen und machtpolitischen Kontexte der Normierungsverfahren sowie deren Variabilität. Die generalisierende Verwendung der Naturalisierungsthese spiegele eine Tendenz der Enthistorisierung wider: So werde die Naturalisierung von biologischem Geschlecht als kulturelles Verfahren der Stabilisierung des binären Rahmens zwar thematisiert, jedoch in der Kritik als historische Konstante gesetzt. Mehlmann sieht jedenfalls für die "Problemfelder, die sich aus der [...] (de-) konstruktivistischen Naturalisierungsthese und der Subsumption von *sex* unter das Primat von *gender* ergeben, [...] die Notwendigkeit einer Historisierung bzw. Konkretisierung von Konstruktionsmodi der >Natur< von Körper, Geschlecht und Sexualität"[13]. So soll eine stärkere Fokussierung auf die historischen Thematisierungen und Wandlungsprozesse auf der Suche nach geschlechtlicher Identität ermöglicht werden. Mehlmanns Zugang für die Rekonstruktion der historischen Regulierungsverfahren ist die Akzentuierung der Abweichung als Konstitutionsmotor.

Diese Rekonstruktion beginnt im 18. Jahrhundert. In einem kurzen Abriss zeichnet Mehlmann den Wandel vom spätantiken Körperbild des Ein-Geschlechter-Modells hin zur radikalen biologischen Zweiteilung und der damit verbundenen Konstruktion einer angeblich "natürlichen" Ordnung der Dinge nach. Dabei wird das "Wissen" über das Geschlecht, so behauptet Mehlmann, am Bild des Hermaphroditen als Abweichung produziert. Diese Abweichung wirke konstituierend auf das konstruierte Zweigeschlechtermodell.

In einem zweiten Schritt stellt die Autorin die Begriffe Geschlecht und Sexualität in den Kontext der Evolutionstheorie Darwins (1809-1882). In den Prozessen der 'Variation und Selektion' ist die Geschlechterdifferenz bereits fester Bestandteil eines

---

[12] S. 74.
[13] S. 77.

teleologischen Modells auf der evolutionären Fortschrittsachse. Abweichungen von der Norm der "exklusiven psychophysischen Zweigeschlechtlichkeit"[14], wie eben explizit auch der Hermaphrodit, gelten in diesem Bild als Entwicklungshemmung bzw. sogar Rückschritt. Neu ist auch der konstruierte "kausale[...] Zusammenhang zwischen Begierde, Fortpflanzung und der gattungsgeschichtlichen Entwicklung"[15].

Der 'weiße' Mann erscheint bei Darwin nun als Träger des Fortschritts und als Gipfel der Schöpfung: Die Begierde des aktiven Mannes (im Gegensatz zur passiven Frau) führt zu Individualisierung und Differenzierung des einzelnen. Der Grad der Differenzierung der Geschlechter wird von Darwin als Indikator für die zivilisatorische Entwicklungsstufe eingeführt: Je höher die Entwicklungsstufe, desto höher der Unterschied zwischen männlichem und weiblichem Teil. Der Hermaphrodit ist aufgrund seiner Indifferenz auf unterster Stufe eingereiht und stellt eine Art Urzustand dar. Von Darwin wird er in den normativen Bezugsrahmen mit einbezogen und nimmt hier als konstituierende Abweichung eine zentrale Position ein.

Im dritten Kapitel behandelt Mehlmann die "expansive Diskursivierung der Sexualität in den sich formierenden Wissenschaften vom Sex"[16]. Folien sind die Arbeiten Karl-Heinz Ulrichs (1825-1895) und Richard von Krafft-Ebings (1840-1902). Die von Ulrichs eingeführte Figur des 'Urnings' stellt nach Mehlmann einen Paradigmenwechsel in den Diskursen über Sexualität und Geschlecht dar: Mannmännliche Liebe wird zu weiblichem Begehren im männlichen Körper – der Urning wird also als eine Art "Leib-Seelenzwitter"[17] gezeichnet. Ulrichs bleibt dabei klar innerhalb der heterosexuellen Matrix und stellt das binäre Fortpflanzungsmodell nicht in Frage. Die Grenzen der polaren Geschlechtscharaktere beginnen allerdings in seinem Stufenmodell des 'Uranismus' zu verschwimmen. Dieses Stufenmodell, in dem die Frage des Fühlens ergo der subjektiven Empfindung im Mittelpunkt steht, sieht eine Auffächerung des von ihm eingeführten 'dritten Geschlechts' in ein Spektrum vor, in dem jede Mischform quasi ein eigenes Geschlecht darstellen kann. Damit ist die geschlechtliche Sondernatur des Urnings, so Mehlmanns These, nicht nur Argument gegen die Widernatürlichkeit, sondern auch "Grundlage für die Entkopplung von Sexualität und Fortpflanzung"[18].

---

[14] S. 126.
[15] S. 107.
[16] S. 29.
[17] S. 148.
[18] S. 149.

In einem kurzen Exkurs, der hier aufgrund seiner Wichtigkeit für den weiteren Verlauf ihrer Argumentation erwähnt werden muss, behandelt Mehlmann die "historische Formierung der Sexualpathologie"[19]. Dabei stellt sie besonders das politische Interesse an der Normierung fortpflanzungsorientierter Sexualpraktiken und die damit verbundene Konstruktion einer Kausalität zwischen 'abweichender' Sexualität und Krankheit heraus. Als anschauliches Beispiel dient der Hinweis auf die breite Onaniedebatte in der zweiten Hälfte des 19. Jahrhunderts, in der die Onanie zur Wurzel nahezu allen Übels erklärt wird. Durch die Lokalisierung des Sexualtriebs im Gehirn werden jetzt bestimmte Sexualpraktiken als 'erbliche Entartungen' und Betroffene als 'krankhafte Sonderlinge' dargestellt. In diesem Zusammenhang ist Krafft-Ebings Figur des 'Conträrsexuellen' zu betrachten (eine neue Bezeichnung für Ulrichs Urning). Der entscheidende Unterschied zum Bild des Urnings ist, dass sexuelle Abweichungen als geschlechtliche Abweichungen stigmatisiert werden, folglich 'conträre Sexualempfindung' pathologisiert wird. Organischer Ursprung sexueller Abweichungen ist demnach eine 'krankhafte Degeneration' des Nervensystems, die eben aufgrund ihres organischen Ursprungs auch vererbbar ist. Für Krafft-Ebing reduziert sich der Zweck des Sexualtriebs auf die Erhaltung der Gattung. Jeder Trieb, der nicht der Reproduktion dient, wird pathologisiert und als eine Gefahr für die moderne Zivilisation stilisiert.

Krafft-Ebings "strikte Trennung zwischen Norm und Abweichung"[20] bildet nach Mehlmann den Hintergrund für die "Diskursexplosion zum Thema Homosexualität"[21] in den 1890er Jahren, in deren Mittelpunkt die Ätiologie abweichenden Sexualverhaltens rückt und mit ihr eine heftige Debatte zwischen Anlage- und Umwelttheoretikern. Dies ist Thema des vierten Kapitels. Krafft-Ebings Anlagetheorie der Homosexualität als eine vererbbare Degeneration wird scharf attackiert. Eine direkte Gegenposition nimmt etwa Alfred Binet (1857-1911) ein, der jegliches abweichendes Sexualverhalten auf Kindheitserlebnisse zurückführt. Max Dessoir (1867-1947) stellt den angeblich angeborenen Fortpflanzungstrieb in Frage und geht stattdessen von der Homosexualität als Zeichen psychopathischer Minderwertigkeit aus, die aus einer individuellen psychischen Schwäche während einer Phase undifferenzierten Sexualverhaltens kurz nach der Geschlechtsreife resultiert. Als weiterer Erwerbtheoretiker steht Albert von Schrenk-Notzing (1862-1929) für eine

---

[19] S. 152.
[20] S. 180.
[21] S. 181.

teilweise Entpathologisierung der Homosexualität: Er hält sie für therapeutisch heilbar, daher kann sie seiner Ansicht nach keine physischen Ursachen haben; zumindest müssen bei der eventuellen Vererbung einer Anlage äußere Reize eine Rolle spielen, so Schrenk-Notzing.

Die weitestgehende Zuspitzung erfährt die Erwerbtheorie bei Iwan Bloch (1872-1922). In seinem Modell kann jeder Mensch homosexuell werden. Sexuelle Perversion, also auch Homosexualität, wird von Bloch als allgemeine menschliche Erscheinung konstruiert, die von einer Vielzahl äußerer Einflüsse ausgelöst werden kann. Physische Degeneration spielt dabei keine Rolle; Perverse sind einerseits therapeutisch heilbar, andererseits auch vollkommen zurechnungsfähig – und damit auch strafrechtlich zu belangen. Homosexuelle werden bei Bloch als Gefahr konstruiert, da er der Verführung und Beeinflussung eine zentrale Rolle in der Ätiologie der Homosexualität zuweist; Homosexuelle können schädlichen Einfluss auf die 'Normalen' ausüben und sollten daher "unschädlich gemacht werden"[22].

Daraus schließt Mehlmann, dass sich im Diskurs um die Ätiologie des abweichenden Sexualverhaltens mit den Erwerbtheorien eine "Entkopplung von Körpergeschlecht und sexueller Orientierung"[23] abzeichnet. In diesem Rahmen komme es zu einer Verlagerung von der 'Natur' des Geschlechts zu einer 'Natur' des Sexualtriebs, in der äußere Einflüsse eine wachsende Rolle spielen. Die Anlagetheoretiker, besonders Albert Moll (1862-1939) und Krafft-Ebing, werden nach Mehlmanns Analyse in der Festschreibung der zweigeschlechtlichen Heterosexualität als Norm zunehmend unsicher in ihrer Beurteilung. Sie propagieren eine ontogenetische bisexuelle Anlage aller Menschen, in der dann Homosexualität nicht mehr als Nervenkrankheit, sondern als Evolutionsstörung erscheint.

An dieser Stelle des Diskurses stellt Mehlmann fest, dass auch die Entstehungsbedingungen der Heterosexualität zum Thema werden. Der kausale Zusammenhang zwischen Anatomie, Psyche und Sexualtrieb ist nicht mehr unhinterfragte Voraussetzung. In Magnus Hirschfelds (1868-1935) Modell der Zwischenstufen wird gar eine Auflösung der exklusiven Zweigeschlechtlichkeit möglich: Die Polarität der Geschlechtscharaktere wird auf empirischer Ebene in ein Spektrum überführt, auf dem "jeder Mensch [...] ein eigenes Geschlecht bildet"[24]. Hirschfeld geht so weit, Mehrgeschlechtlichkeit als evolutionären Fortschritt zu

---

[22] S. 208.
[23] S. 259f.
[24] S. 267.

beurteilen; dieses für seine Zeit revolutionäre Statement provoziert eine schroffe Antwort Blochs, der alles jenseits von Mann und Frau sofort wieder in die Welt des Monströsen verweist. Seine allerdings weiterhin bestehende Ratlosigkeit spiegelt sich in der Einführung eines ominösen dritten Faktors der Ätiologie der Homosexualität, den er 'chemisch' nennt aber selbst nicht näher bestimmen kann. Am Ende des vierten Kapitels weist Mehlmann darauf hin, dass die anatomisch-physiologische Begründung der Ätiologie der Homosexualität zwei Problemfelder hinterlässt: Während erwerbtheoretische Positionen nahe legen, dass auch Heterosexualität erworben und nicht angeboren sein könnte, erweisen sich anlagetheoretische Modelle als so variabel, dass sie das heterosexuelle Normmodell zum Einsturz bringen könnten. Beides ist keinesfalls im Sinne der bürgerlich-patriarchalen Gesellschaft.

Im fünften und letzten Kapitel, das den Titel des Buches trägt, wendet sich Mehlmann Otto Weininger (1880-1903) und Sigmund Freud (1856-1939) zu, anhand derer Theorien sie die Entkopplung des psychischen Geschlechts von anatomisch-physiologischen Kausalitäten beschreibt. Ihre interessante These zu Beginn lautet, dass die binäre geschlechtliche Struktur durch die Verlagerung von einer biologischen hin zu einer psychologischen Begründung von Geschlecht restabilisiert wird.

Weininger entwirft ein anatomisches "Modell unzähliger Zellgeschlechter, die [...] nicht nur graduell und lokal, sondern auch temporär variieren"[25] können; dabei ist weder eine zeitliche noch räumliche Zuteilung möglich. In Anlehnung an Hirschfeld sieht er jeden Menschen als von Anfang an bisexuell veranlagt, bleibt aber grundsätzlich auch der heterosexuellen Matrix verhaftet: Die Pole bilden, wenn auch imaginär, das 'Vollweib' und der 'Vollmann'. Nichtsdestotrotz bricht er mit anatomischen Erklärungsversuchen vollkommen und verlagert seine Begründung einer strengen bipolaren Zweigeschlechtlichkeit auf die Ebene des Psychischen. Die basale Voraussetzung seiner misogynen Begründung ist ein jeweils anderes Verhältnis von Mann und Frau zum Sexualleben, genauer der Erregbarkeit. Während der Mann nur gelegentlich sexuell erregt und darüber hinaus auch ein Kulturwesen ist, ist "das Weib [...] nichts als Sexualität"[26]. Während der Mann "noch ein Dutzend anderer Dinge"[27] kennt, geht das Weib "im Geschlechtsleben [...] vollkommen auf"[28].

---

[25] S. 297.
[26] S. 290.
[27] S. 291.

Weininger leitet die Geschlechterdifferenz aus dem Prinzip 'Mann' ab, der zur absoluten Norm erhoben wird. Dies kommt einer völligen Entwertung der Weiblichkeit gleich. Die männliche Homosexualität, zunächst biologisch gleichgestellt, wird vor diesem Hintergrund auf eine verweiblichte Männlichkeit zurückgebunden und der Heterosexualität hierarchisch untergeordnet. Umgekehrt gilt eine Vermännlichung der Frau als Aufwertung; erfolgreichen oder starken Frauen werden besonders viele männliche Zellen zugeordnet. Weiningers Modell wird als von "De-Normalisierungsangst ausgelöste[m] Fixierenwollen der Normalitätsgrenze interpretiert"[29].

Auch Freud entkoppelt die geschlechtliche Identität von anatomisch-physiologischen Grundlagen. Während aber Weininger metaphysisch-ontologisch argumentiert, so Mehlmann, sieht Freud die Gründe für die Herausbildung einer geschlechtlichen Identität in der psychosexuellen Entwicklung. Grundsätzlich nimmt Freud die Neurose als Negativ der Perversion bzw. eine sexuelle Ätiologie aller Psychoneurosen an. Er grenzt sich somit sowohl von Erwerb- als auch von Anlagetheoretikern ab und sieht die Gründe für die 'Inversion' (Homosexualität) auf der Ebene der 'Natur' des Sexualtriebs und seiner Entwicklung. Normale und perverse Sexualität stehen bei Freud in einem engen Zusammenhang. Die Unterscheidung zwischen Normalität und Abweichung wird eine rein quantitative. Freud vollzieht die bereits im Vorfeld angedeutete Wende und sieht auch die Heterosexualität von individueller Entwicklung abhängig. Dadurch kommt es, so Mehlmann, bei Freud zu einer doppelten Perspektivverschiebung: Zum einen wird die Differenzierung von Mann und Frau in die Entwicklung des Triebs eingeordnet, zum anderen werden die Geschlechtscharaktere psychologisch begründet. Aber auch bei ihm bekommt die Frau lediglich eine passive Rolle zugestanden, während der Mann die Rolle des Aktiven einnimmt. Aus der ursprünglichen Bisexualität entwickelt sich eine primäre Männlichkeit, die Frau wird als Abweichung von der männlichen Norm konzipiert. Entscheidend hierbei und generell bei der Genese einer geschlechtlichen Identität ist das Zusammenspiel des Kastrations- und des Ödipuskomplexes. Die psychosexuelle Differenzierung der Geschlechter ist vor dem Hintergrund einer jeweils unterschiedlichen Beziehung zwischen Kastrations- und Ödipuskomplex konstruiert. Bei Männern geht der Ödipuskomplex am

---

[28] ebd.
[29] S. 299.

Kastrationskomplex zugrunde, bei Frauen wird er dadurch erst eingeleitet. Daraus konstituiert sich auch der geschlechtliche, hierarchisierte Sozialcharakter: Während sich beim Mann, als 'Erbe' des Ödipuskomplexes, das moralische Gewissen ('Über-Ich') etabliert – selbstverständlich vom Vater übertragen – verfällt die Frau beim Anblick des überlegenen Penis in Penisneid ('Entdeckung der Kastration'). Dieses hat zur Folge, dass die Frau entweder neurotisch wird oder sich mit einer 'normalen' weiblichen Entwicklung, das heißt in diesem Fall mit der Einsicht in die eigene Minderwertigkeit, abfindet. Auch bei Freud wird "die Frau [...] als Kulturträgerin disqualifiziert"[30].

Sexuell-geschlechtliche Abweichungen sieht Freud ätiologisch in der Störungsanfälligkeit des Prozesses einer psychosexuellen Entwicklung verwurzelt. Er entwirft keine geschlossene Theorie über die Entstehung der Homosexualität und seine Darstellung erscheint auch nicht durchweg konsistent, er weist aber jegliche Modelle eines 'dritten Geschlechts' oder 'geschlechtlicher Zwischenstufen' scharf zurück. Generell liegt der Inversion anatomisch eine grundsätzlich bisexuelle Anlage des Geschlechtstriebs zugrunde, es handelt sich folglich sowohl um erworbene als auch angeborene Faktoren. Nach der Pubertät sind laut Freud homosexuelle Neigungen normal, der Unterschied zwischen Heterosexuellen und Homosexuellen besteht ergo in der Dauer dieser Neigungen. Von Degenerationstheorien grenzt Freud sich ab, nichtsdestotrotz hält er aber am evolutionistisch-biogenetischen Paradigma fest und bleibt in der konstruierten fortpflanzungsteleologischen Norm verhaftet: "Normal sind bisexuelle Züge und homosexuelle Neigungen nur in der Kindheit, im Erwachsenenalter sind sie pathologische Erscheinungen"[31], führt Mehlmann dazu an.

In der Freudschen Logik der psychosexuellen Differenzierung der Geschlechter verschwindet, so Mehlmann, die "Unzuverlässigkeit der Körper" – und mit ihr die Möglichkeit, das Modell einer exklusiven heterosexuellen Zweigeschlechtlichkeit auf der Basis biologischen Wissens aufzulösen. Demnach stellt Freud mit seiner Verlagerung auf die psychosexuelle Argumentation ein konservatives Element dar, das die Vervielfältigung der Geschlechter auf anatomisch-physiologischer Basis verhindert hat.

---

[30] S. 328.
[31] S. 339.

In ihren Schlussgedanken schlägt Mehlmann den Bogen zurück zu ihrer Forschungsfrage nach den historischen Entstehungsbedingungen der Entkopplung von biologischem Geschlecht und geschlechtlicher Identität als Voraussetzung eines psychologischen Paradigmas der Geschlechterdifferenz. Ihre These, dass die historische Genese des Konzepts der Gender-Identität als Antwort auf eine Krise der anatomisch-physiologischen Erklärungsversuche der Geschlechtscharaktere betrachtet werden kann, hat sie anhand verschiedener wissenschaftlicher Diskurse aus mehreren Jahrzehnten plausibel dargestellt. Sowohl die konstituierende Funktion der Thematisierung von Abweichungen im Kontext von Hermaphroditismus und Homosexualität, als auch die nur ansatzweise in Frage gestellte Statik der normativen heterosexuellen Zweigeschlechtlichkeit werden hierbei deutlich. Der restabilisierende Effekt der Verschiebung von der biologischen auf die psychologische Argumentation, das Verschwinden des 'unzuverlässigen Körpers' und der damit verbundene Wiederaufstieg des biologischen Geschlechts zur eindeutigen Größe sind klar herausgearbeitet.

All das gilt aber nur unter der Voraussetzung, dass sich die Leser auf die Repräsentativität der von Mehlmann ausgewählten Quellen verlassen können. Die "historische Leerstelle", die sie aufgrund der fehlenden Historisierung der *sex-gender*-Unterscheidung ausgemacht hat, ist durch ihre Arbeit nur ansatzweise geschlossen worden – dazu wäre eine detaillierter ausgearbeitete Basis nötig gewesen. Hier bleiben die bereits angesprochene fehlende Auseinandersetzung mit der Quellenlage und die nicht erklärten Auswahlkriterien für ihre Quellen ein Problem. Sind sie die einzig relevanten in diesem Diskurs der zweiten Hälfte des 19. Jahrhunderts? Sind die hier wiedergegebenen Meinungsbilder wirklich repräsentativ? Wo wurden die zitierten Texte veröffentlicht, an wen waren sie in erster Linie gerichtet, von wem wurden sie in ihrer Zeit wahrgenommen bzw. rezipiert? Zwar stellt Mehlmann mit ihrem Vorgehen, den wissenschaftlichen Diskurs wiederzugeben und die einzelnen Beiträge zumindest teilweise auch aufeinander zu beziehen, implizit auch einen historischen Zusammenhang her, der immerhin gewisse Mutmaßungen ihre Motivation bei der Quellenauswahl zulässt. Für das Schließen einer "historischen Leerstelle" ist das allerdings zu wenig. Es hätte weiter interessiert, ob und welche Modelle von Geschlechtsidentitäten innerhalb des untersuchten Zeitraums kursierten. So bleibt ein Beigeschmack der Unvollständigkeit bezüglich ihres historiographischen Anspruchs.

Der Hinweis jedoch auf nicht hinterfragte historische Setzungen im de-/rekonstruktivistischen Verfahren selbst bleibt bestehen. Dadurch bekommt man den Eindruck, dass Judith Butler hier auf der gleichen Schiene überholt wird, auf der sie selbst vor etwa 15 Jahren überholt hat, wie bereits treffend festgestellt worden ist. Mehlmanns zweiter Kritikpunkt der Konstruktionen von 'Natur' und der Gefahr der Generalisierung dieser Konstruktionen ist bestimmt berechtigt, erscheint mir aber weder neu noch in ihrer Arbeit besonders spektakulär herausgearbeitet. Den weitaus überraschenderen und neben der Beantwortung ihrer Forschungsfrage wichtigsten Erkenntnisgewinn bietet meines Erachtens das Aufzeigen der konservativen Funktion Freuds. Mehlmann entlarvt das zunächst innovativ erscheinende Konzept der Verlagerung von der Anatomie in die Psychologie als restabilisierendes Element für die bürgerlich-patriarchal konstruierte Norm einer heterosexuellen Zweigeschlechtermatrix.

Sabine Mehlmann hat mit dieser Studie einen wichtigen Beitrag zur kritischen Betrachtung des *sex-gender*-Diskurses vorgelegt. Vor allem hat sie die Diskussion um die historische Betrachtung des Körpers erweitert. Für eine umfassende Historisierung der *sex-gender*-Unterscheidung und den damit einhergehenden Auswirkungen auf die Vorstellung des Körpers bedarf es noch weiterer Forschung, für die Mehlmann mir ihrer Arbeit nun einen Anstoß gegeben hat.